熱

80歳、スター卒業、新入学生。

橋幸夫

サンマーク出版

はじめに

二〇二二年四月三日、僕はいつもとは違う「舞台」に立っていました。京都芸術大学の入学式。僕は新入生代表として挨拶するという機会をいただいたのです。

長年、舞台に立ってきた僕ですから、登壇することに躊躇《ちゅうちょ》はありません。しかし、いざ上がってしゃべってみると、その日の舞台はやはりいつものステージとはまったく違った思いを抱かせるものでした。

「新しい夢と人生のスタートを切ることに喜びを感じています。

とはいえ、何といっても高齢な私です。命を閉ざすことが先になる可能性もあります。願わくば四年間で卒業できるよう、全身全霊をかけ、がんばります」

真正直な気持ちを述べた後、式場に並ぶ若い学生・院生たち、先生方が目に入り、改めて、自分が非日常の場に立っていることを実感しました。

ふと、「八〇年近く生きても、まだ人生って思いがけないことの連続なんだな。自分が大学生だなんて、一年前には考えもしなかった。おもしろいなぁ」と思い、同時に、今ここに立っている「縁」のありがたさが胸に迫ったのです。

まだ学生の実感はなかったけれど、確かに新しい扉を開いた気がしました。

それからの僕は、歌手活動引退まで最後のコンサートツアーで全国を回りながら、大学生としてテストやレポートに追われる毎日。新たな表現を求めて、書や日本画を描き始め、さらに、資本である体力づくりのためにジム通いも始めたところです。

なぜ今、「歌手引退」と「入学」を選び、そのほかのチャレンジも始めたのか。

本書はこの頃、僕が考えていること、取り組んでいることを、読んでくださる方と、未来の自分にエールを送るつもりで記します。

ステージ上のトークやメディアのインタビューだけでは伝えきれない思いをみなさんにお伝えし、歌手としての橋幸夫の幕引きを見届けていただきたい、そんな願いも。

歌手引退を決めた今だからお話しできることもあります。

最後まで楽しくお読みいただけたら、うれしいです。

橋 幸夫

目次

仕事とは、「事」に「仕える」と書きます。
僕は歌に仕えた六二年だった、という自負がある。
誰もがきっと、何かしら自分がすべきこと、

与えられたことに仕え幾年月。
さまざまな経験をして、「人間」を学ぶのでしょう。
この学びそのものが尊いこと。
それだけで人生は一〇〇点満点だと思うのです。

第二章

道

これからの道は自分で決める

六二年間に感謝してピリオドを打つ

若い日、気がついたら歌の道を歩いていた僕は、
おかげさまで、宝物をいっぱいいただいた。
だからこそ、やめどきは自分で決めたい。
ピリオドは自分で打つ。
引退はめでたき「門出」。
自分次第で、そうできるはず。

第三章

命

80歳から新しい自分をつくる

命の終盤に、新たな道

過去の何気ない選択が、今につながっています。
思いがけないことも、過去に蒔《ま》いた種が育った花。
因果の繰り返し。
だから命ある限り、僕らは明日の種を蒔いている。
意識しようと、しまいと、
未来の種を今日、蒔いている。

第四章 体

体はなまけさせない

長寿と認知症と介護を考える

実際に老いてみないとわからないもの、
それが老いなのかもしれませんね。
六〇代の老いと、七〇代の老いは違う。
自分の体調に耳を澄ませて、丹念に向き合う。
他人のことより、「自分」に敏感になろう。

第五章

実

実がある暮らしがしたい

洗練されたものを愛する

いいものとは、変わり続けるものだと思う。
現状に満足せず、練り直し、磨き直す。
実直に変わり続ける。
それを洗練と言うのだと思います。

第六章

燃

まず自分の心を燃やす

命ある限り自分を生きる

世界中の人々を震撼《しんかん》させる出来事が続きます。
けれど、世の事象を嘆く前に自分が燃えなければと思う。
八〇歳だから、なんだ。
命を燃やして、僕の想《おも》いを伝えていこう。

書　橋 幸夫
ブックデザイン　轡田昭彦＋坪井朋子
構成　下平貴子
撮影　久富健太郎
撮影協力　源泉湯宿 大成館
加藤哲也
編集協力　乙部美帆
編集　橋口英恵（サンマーク出版）

第一章

導かれて今がある

多くの人に支えられた
歌手人生

仕事とは、「事」に「仕える」と書きます。
僕は歌に仕えた六二年だった、という自負がある。
誰もがきっと、何かしら自分がすべきこと、
与えられたことに仕え幾年月。
さまざまな経験をして、「人間」を学ぶのでしょう。
この学びそのものが尊いこと。
それだけで人生は一〇〇点満点だと思うのです。

〝煙に巻かれた〟一七歳の僕

僕の今とこれからをお話しする前に、少しだけ六二年間を振り返ります。

これまでもインタビューなどでよく話してきたことですが、一七歳でデビューしたとき、僕自身は周囲の大人たちに煙に巻かれたような心境で舞台に立っていました。

歌手になりたい、スターになりたいといった意欲はもっていなかったのです。

空手やボクシングなど、体を動かすことが何より好きな青年で、自分が歌手になれる、大勢の人に歌を認めてもらえるなんて、思いもしなかった。

そもそもは、武道好きとばかり付き合っていた僕のことを担任の先生が心配して、母に「何か別のことに目を向けさせ、不良っぽい仲間と離したほうがいい」と忠言したのがきっかけで、僕は歌を習うことになりました。

夕食後には母がレコードをかけ、みんなで歌うような家庭に育ちましたが、歌好きの母や兄、姉などと違い、僕は歌にはそれほど興味がなかった。ですが、当時の僕には「親の言うことに逆らう」など思いもよらぬことで、しぶしぶ従いました。

実家は東京・中野の呉服屋で、隣の床屋の職人さんがたまたま遠藤実先生の歌謡教室の生徒だったため、母はそのつてで息子の入門を決めてきたのです。

レッスンは週二日。池袋に通っていた中学が終わると、バスで中野に帰り、中央線に乗って遠藤先生のご自宅があった荻窪《おぎくぼ》へ通う生活が始まりました。

遅れないよう、兄にバイクで送ってもらったこともあったなぁ。デビュー前から、兄や姉も末っ子が歌手になるのを応援してくれていたんです。

担任の先生や母の作戦は成功し、僕は武道の仲間と遊ぶことができなくなってしまった。


そうして二年後、高校一年生になった頃のこと。遠藤先生が、

「橋くん、そろそろプロになる練習をするぞ」

と笑顔でおっしゃった。

僕はまさか、プロになる、なれるとは思っていなかったので、つい、

「えっ、歌手になるんですか？」

と返したら、遠藤先生は「当然だろう」という顔で、

「お母さんがきみを歌手にしたくて私のところに連れてきたんだから、一生懸命やんなきゃダメだ！」

と活を入れます。

遠藤先生が熱心に指導してくださっているのはわかるし、母の気持ちもわかっていたので、これまた従わざるを得なかったのでした。

ある日、遠藤先生に連れられ、まず日本コロムビアのオーディションを受けました。当時、遠藤先生は日本コロムビア専属の作曲家。レコード会社が作曲家を「抱え」、そこで歌手を「育てる」慣習があった時代です。

ところが、そのオーディションでは「若すぎる」という理由で不採用に……。遠藤先生はとても納得できないと、すぐさまライバル会社の日本ビクター（当時）に掛け合い、デビューにつながるオーディションに橋渡しをしてくれました。

日本ビクターでも歌謡曲でデビューする人は成人ばかり。当時、僕の一五歳という年齢はいくらか問題視されたようでした。

デビューさせるか否か、最終的な判断は、日本ビクターの作曲家で、数多のヒット曲を世に送り出していた吉田正先生が僕を「引き受けるか否か」に託されました。

「靴をそろえる姿」がデビューにつながった

僕は歌手になるのか？　どうなのか？　緊張の初対面の折、吉田先生は歌を聞かないまま、入門を許してくださいました。僕は不思議で仕方がなかった。

後に聞けば、それは意外なところが評価された結果でした。

遠藤先生とともに吉田先生のご自宅へうかがって、室内に上がるとき、僕が遠藤先生の靴をそろえ、自分の靴もそろえて上がり、きちんと挨拶をした。その様子を見て、自分がレッスンして世に出そうと決めた、と。

遠藤先生も、

「吉田正さんはすごい人だな。橋くんの所作で、真価を見抜いた！」

などと言って喜び、僕を吉田先生のもとに送り出してくれました。


そうして、僕は吉田門下生となったのです。

レッスンに通って数カ月たった頃、吉田先生は、

「橋くんの音域もわかったし、そろそろデビューの支度を始めるからね」

とおっしゃって、そのときも僕はうっかり「本当に歌手になるんですか？」と言ってしまい、叱られました。

「そうだよ、そのつもりでみんな動いているんだ。橋くんは今度の春、高校二年生になるんだな。けれど、おそらく三年にはもう学校には行けなくなるよ。五月までにはレコーディングを終わらせて、七月五日にはデビューだから」

とおっしゃる。

僕はただただびっくりして、目を丸くしていたと思います。

そんなふうに、本人の気持ちとは関係なく、周囲の大人たちの采配で現実が動いて、歌手・橋幸夫は誕生しました。

ですから歌手・橋幸夫には二人の育ての親がいます。

遠藤実先生と師匠・吉田正先生。このお二人に手を引かれ、世に出るとは、なんと贅沢《ぜいたく》なことだったでしょう。

未知数の青年を二人の大作曲家はじめ周囲の大人たちが導き、歌手・橋幸夫はデビューしたのでした。

〝お役目〟をまっとうしようと努めた歌手の道

デビューしてすぐとても忙しくなって、吉田先生が予言したとおり、高校の最後の年はほとんど登校できませんでした。

実は一九六〇年七月の正式デビューの前、六月に玉置宏さんが司会をされていた日曜の生放送の人気音楽番組「ロッテ歌のアルバム」でデビュー曲「潮来笠《いたこがさ》」を歌いました。

その日のプログラムはフランク永井さんのワンマンショーでしたが、新人を一人紹介する枠がありました。そこで歌わせてもらったのです。

まだ芸名のないときで、本名の「橋幸男」で紹介され、無名の青年は話題になり、正式デビューのときには一気に何十万枚というレコードのオーダーが入ったそうです。

年末には日本レコード大賞の初代新人賞をいただき、その後レコード大賞も「いつでも夢を」と「霧氷」で二度、いただきました。

吉田先生は時代を先見する名プロデューサーでもあったので、股旅物に限らず、青春歌謡や叙情歌、リズム歌謡など新鮮な曲調の作品を次々くださって、おかげでヒットが絶えませんでした。

舟木一夫くん、西郷輝彦くんとともに「御三家」として活動したり、多数の映画に出演し主題歌も担当したり、昭和の芸能活動の最前線で東奔西走の日々を過ごしました。

「ＮＨＫ紅白歌合戦」にもデビューの年の暮れから通算一九回、出場させていただき、歌手としてこの上ない芸能の道を歩かせてもらったのです。


そのようにしておおむね順風満帆に六二年が過ぎました。

これだけ続けられたこと、多くの方に僕の歌を愛してもらえたことは大変幸運だったと思いますが、それだけではない。

熱望して歌手になったわけではなかったけれど、歌えば歌うほど、やるとなったらきっちりやらなければ気がすまない性格が幸いしたのでしょう。精一杯の努力をしたので、これまでの活動ができたと思っています。

仕事とは、「事」に「仕える」と書きますが、僕は「歌」や「芝居」に真摯に仕えたとの自負があります。とりわけ「歌」は、僕の大きな「お役目」。歌手としてスタートを切ったことを忘れず、精進し続けなければならないと思ってやってきました。

生きるって、厄介で、味わい深い

今となれば、歩いてきたこの道は、唯一無二の我が道だったと思いますが、一七歳の頃にはわからなかった。

先に「デビュー当時、周囲の大人たちに煙に巻かれたような心境で舞台に立っていた」と書きましたが、振り返ればそのように心を燃やしていない僕だったたことは少々恥ずかしい。ただ、そんな反省も含めて貴重な経験でした。
そして六二年、がんばったんだ。もう大目に見てやりましょう。

この本をお読みくださる方も、さまざまなご状況にいらっしゃることでしょう。仕事や結婚など、人生の重大事が意思とは違う「流れ」で選ばれ、その機会に育てられ、今があるというような経験をなさっている方は少なくないのではと想像します。現代ほど「選択の自由」がなかった時代でもありましたよね。

ときには、流れに逆らわなかった自分なのに、なぜこれほどの試練を与えられるのかと嘆いたこともあるかもしれない。

しかし、本意でなかったとしても、与えられた経験で、さまざまなことに気づかされますから、おもしろいものですね、人生って。

僕は、歌を中心に人生が展開し、昭和・平成の時代の歌手のいわば王道を歩ませていただき、人間を学ぶことができました。

縁や出会い、別れ、苦渋、それらすべての出来事が自分に必要だったと思える日がくるとは。生きるとは厄介です。だからこそ味わい深い、とも言えるのかもしれませんね。

もしかしたら誰もが、悲喜こもごもの出来事を経験するということそのもので、本当は人生一〇〇点満点だと言っていいのではないか、そんなふうに近頃は思います。

これでよかった。過不足なし。

——それが、齢《よわい》八〇の醍醐味《だいごみ》だという気がしています。

第一章　導かれて今がある

一番のはにかみ屋。
母がよく子どもだった僕のことをそう言いました。
だのに人前に立つ「歌手」にしようと思うなんて、
母はおもしろい人だ。
「三つ子の魂百まで」。
その性質は六二年の芸能生活でも変わらなかった。
それで困ったこともあれば、助かったこともあったでしょう。
どうだか、案外わかりません。
それはかまわない。僕は、ただ一人の僕だから。

心底苦手だった〝スター扱い〟

母が「はにかみ屋」と呼び続けたとおり、本来の僕の性格は芸能界に向いているとは言えないものです。人前が苦手で、目立つのは恥ずかしい。その気質は今も僕の根底にあると思っています。

とくに御三家で注目を浴びた若い頃、なぜ自分がもてはやされるのか、歌が売れているといったって、プロの自覚もまだもてなかった頃だけに、居心地がわるくてしょうがなかった。

それで御三家でそろったときに、舟木くんや西郷くんはどうなのか、心境を尋ねたこともありました。すると二人は僕とは違って、日に日に注目度が高まり、スターとして扱われることを喜んでいて、意欲ももっていました。

ほかの芸能人やスタッフにちらと聞いてみても、いい意味で目立ちたがり、出たがりでこそ、芸能人として大成すると言う人がほとんどです。なるほどと思いながら、自分との違いがはっきりして、余計に居心地わるく思いました。

今思えば、居心地わるいながらも「こうしなさい」と言われたことに素直に従っていた僕だったから、周りのみんなが芸能界で浮かないように、計らってくれていたのだろうと思います。

しかし当時はそれにも気づかないから、内心ブルー。そんなあるとき、石原裕次郎さんと話す機会がありました。

気持ちが通じた裕次郎さん

裕次郎さんにお会いしたとき、少年時代から大ファンだった僕は、会えただけでとてもうれしかった。さらにうれしかったのは、裕次郎さんも自発的に俳優に、スターになったわけではないと知ったことです。

僕が、母や周囲の大人から言われることに従っていたら歌手になった顛末《てんまつ》を話すと、自分も同じだと、お兄さんである石原慎太郎さんの強引さに負けて、今こうしていると話してくれたのです。

僕は初めて芸能界で本心を打ち明けられる人と会えた気がしました。

別のとき、裕次郎さんが「俳優は男子一生の仕事にあらず」とおっしゃったと聞いて、日本映画のトップスターでありながら、マイペースで、いつも自分と向き合って、深く思考されている。俳優としてカメラの前に立つ以上は、最高のエンタテインメントをつくるけれど、それだけにこだわらない。その姿に、憧れを強くしました。

そんなこともあって僕も自分の「苦手意識」に向き合ったのです。

望まないのに、居心地がわるいと感じる場所へ引っ張り出されたのは運命かもしれないし、「苦手なこと」は人生で学ぶべき僕のテーマなのかもしれない。ふと、そう思いました。

母や家族、恩師が応援してくれ、道をつけて、最も苦手なことに取り組まざるを得ない立場に立たせてくれた。それは考えようによっては「幸運」ではないか。自分ではきっと選ばなかった、半強制的だったからこそ、立てた道。人生の課題に挑むチャンスをもらったと考えることもできると思ったのです。

マイクの前に立つ以上、いつまでも恥ずかしさを抱えていちゃダメだ。歌手・橋幸夫に望まれている音を出し、話ができなきゃダメだ。

やや無理やりでしたけれど、視点を変えて「人前で自分をさらけ出す」ことの大事さを学んでいきました。

もって生まれた性格をガラリと変えることはできなくても、プロになろう。

歌舞伎役者が隈取《くまどり》をして、派手な衣装を着るのは、みなさんにわかりやすく物語を見せて、楽しんでいただくためでしょう。同じように、工夫を凝らして、歌を伝えるアーティストになろう。

そういう覚悟で自分をさらけ出すように努めると、身も心も引き締まって、より芸能を磨こうという意欲が出てきました。そうか、物事の感じ方は自分次第で変わるのか。そうも気づけました。

懐かし太秦、殺陣師の仲間に学んだ〝プロ根性〟

もう一つ、僕がとても幸運だったのは、歌手デビューの翌年から映画の仕事をいただき、京都・太秦《うずまさ》撮影所でプロ意識の高い人たちと出会い、仲間になれたことです。

僕は武道が好きで、空手やボクシングをやっていたので、時代劇で立ち回りをするのが楽しかった。太秦の殺陣師《たてし》たちの目はとても厳しくて、動けないと相手にしてもらえませんが、武道の素養があると見ると、若者でも本気で付き合ってくれたのです。

僕もうまくなりたいから積極的に彼らに教えを乞い、殺陣が上達するように精一杯、努力しました。

当時、花柳啓之先生について日舞を習い、和の所作も徹底的に指導していただいていたのが、時代劇の撮影でも大きなプラスになっていたと思います。歌手でも芸能人なら基礎として日舞や所作の勉強は当たり前、という時代でした。

やがて、殺陣師は東映でも、松竹でもみな知り合い同士でつながっているから、「橋幸夫はできるぞ、教え甲斐があるぞ」と周知され、みんながかわいがり、盛り立ててくれたのです。

撮影が終わると口々に「みんなで食事に行こう」「またすぐ京都においでよ」

などと言ってくれたから、僕は太秦に行くのが本当に楽しかった。

プロ意識の高い彼らに認められたことがうれしく、プロ集団の中に自分の居場所をつくれたことで自信がもてた。

そんな歳月はプロになること、プロと働くことの楽しみを学ばせてくれました。それが歌手としてプロフェッショナルになろうとしていた僕に、どれほど影響を与えたか。意外かもしれませんが、僕のプロ根性は太秦で磨かれたのです。

みなさんにも、自分を認めてくれ、成長を支え、励ましてくれた仲間がおありでしょう。

懐かしく、ありがたい仲間たちの顔はいつまでも忘れがたい。

もう会えない人でも、胸の中には永遠に笑顔でいる。我が人生の豊かさをいつでも思い出させてくれる宝ですね。

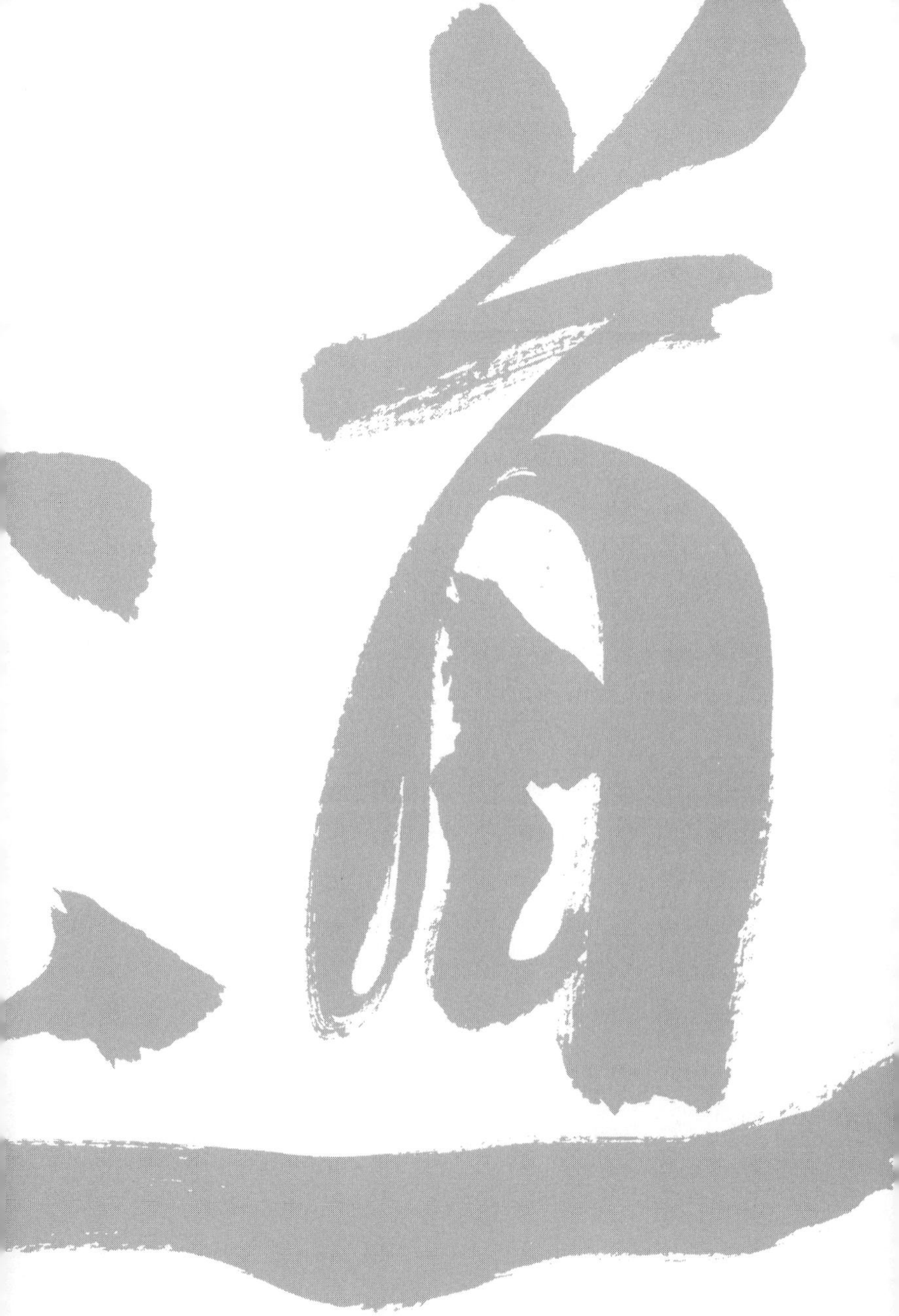
道

第二章

これからの道は自分で決める

六二年間に感謝して
ピリオドを打つ

若い日、気がついたら歌の道を歩いていた僕は、
おかげさまで、宝物をいっぱいいいただいた。
だからこそ、やめどきは自分で決めたい。
ピリオドは自分で打つ。
引退はめでたき「門出」。
自分次第で、そうできるはず。

決心を促した「声の衰え」

二〇二三年の誕生日、歌手活動にピリオドを打とう。そう決めた最たる理由は、声の衰えについて自覚したことでした。

数年前から、歌っていて「おや?」と違和感を抱くことがありました。以前はのびやかに出た声が、ある音程で出づらくなり、歌声に力がこもらないような、つやが欠けているような、不思議な感覚があったのです。

そしてコロナ禍となり、予定していた六〇周年コンサートが延期になったように、舞台に立って歌う機会がめっきり減ってしまいました。

みんな、普通にしゃべる機会も減りましたね。僕も同じです。

すると声はますます出づらくなり、放ってはおけないと思ったので、耳鼻科の、声専門の医療機関で診察を受けました。

その結果、声を出す声帯とその周囲の筋肉（専門領域では「内喉頭筋《ないこうとうきん》」、通称「声筋《こえきん》」と言うそうです）が衰え、声帯をしっかり閉じたり、微妙に調整したりすることが難しくなってきているという診断でした。


文字どおり声は、「声帯」によって出すことができます。少し具体的に話しますと、僕たちみんな、声は声帯が閉じなければ出せません。吐く息が左右の声帯のわずかな隙間を通り抜けるとき、声帯が細かく振動することで、さまざまな声音を出し分けているのです。

残念ながらこの声筋、加齢で衰えるし、使いすぎでも衰えるし、使わなすぎでも衰えてしまう筋肉だそうです。

六二年の歌手活動とコロナ禍のダブルパンチで、僕の声帯はこの時期、やや加速度的にダメージを受けてしまったようでした。

専門的なトレーニングやケアをしても、以前の状態にV字回復を望むのは無理で、いくらか回復したとしても、歌手を続けながらそれを維持するのは難しいと主治医から聞きました。

余談ながら、声を出さないことで声が出なくなる「嗄声《させい》」という症状は、決してめずらしいことではなく、とくにリタイア後の高齢男性には多くみられ、人とのコミュニケーションが激減したコロナ禍にあっては、年齢・性別に関係なく増えているそうです。

「橋幸夫」としての晩節を汚さない

主治医からそのように聞き、僕は早晩「橋幸夫として歌を歌う」限界がくることを悟りました。僕の主治医は、とくに芸能界では著名な声治療の第一人者で、多くの歌手やアナウンサー、俳優の主治医としても知られている人です。その診断は信頼できるものだから、いよいよ歌手引退を決断するタイミングがきたと思いました。

前にもちょっと書きましたが、僕はやるとなったらきっちりやらなければ気がすまない性格ですし、芸能に関しては精一杯の努力をしてきた自負もある。とりわけ「歌」は、僕を芸能の世界へ連れてきてくれた大切なものだけに、自分でがっかりするような歌を歌うようになるなど、耐えられません。

少し前のステージで、客席で聴いてくれている敏感なファンの方が僕の歌の変化に気づき、少し心配な顔をしていたことを思い出しました。

「季節の変わり目で、風邪でもひいたかな？　いつものつや声じゃないな」

僕も大切な聴き手の反応には敏感ですから、言わずもがな、心中の声が聞こえるようで、つらかった。

そのうちに、もう抗いようがない状況になるかもしれない。「歌手・橋幸夫」の晩節を汚すことなく、その前に、自分できちんとピリオドを打とう。

僕はほどなく具体的に引退までのスケジュールを考え始めました。


もちろん改めて最後の歌を歌う日まで、お客様と、そして自分自身をがっかりさせない歌を歌う努力をするのは当然のこと。二〇二三年の誕生日にピリオドを打つと発表もした今は、声を大切にしながら最後のツアーを回っています。

みなさんに大事に想《おも》ってもらった「歌手・橋幸夫」が記憶に残る、そんな歌声を最後にお届けしようと精一杯に努めています。

自分で「ピリオドを打てる」という幸せ

ところで、このような決意を引退発表の記者会見でも話しましたから、「（声筋の衰えという）現役歌手にとって致命的な宣告をされて、ショックが大きかったのではないですか？」

などと尋ねられることがあるのですが、僕は肚《はら》が決まれば、仕方がないことをくよくよ考えるのは性に合わないし、毎年一つずつ年齢を重ね、衰えるのは、みなに公平な、自然の摂理ですから、ただ嘆いている気はなかった。

それに、確かに年齢を重ねて、衰えを感じることは多くなり、きっとこれからもっと増えるでしょう。

しかし逆に、年齢を重ねて、自分の内面や社会の変化に対する思慮や洞察が深くなるなど、長《た》けてきたと思うところがあるではないですか。

若い現役時代は自分のことで精一杯だけれど、年の功で他者を思いやり、言葉ではない表現でいたわりやエールを示すことができるようになった。

高齢者には別の「伸びしろ」がある。僕はそう思います。


そして、それを伸ばすチャレンジをしようと思いましたから、引退は門出でもあるわけで、自分でそれを決められたのは幸せだと感じています。

ずっと「いつかは」と心にあった、新しいこともいくつか始めたい。前を見ていたら、ワクワクが上回って、ショックはどこかへ消えました。

いいときも、わるいときもある。アップダウンもあるさ。
悶々《もんもん》とする時期は、自分の思いや、
必要な出会いに気づく大切な時間と考えよう。
ただし、あまり長々やってはいけない。
苦しくなるその前に、
誰かに話すことで、ドミノが倒れる。
新しい現実が走り出す瞬間だ。

「歌をやめる」決意までの悶々の日々

今はそのような僕ですが、声の問題を受け容れ、引退を会見で発表したり、大学に行くと決めたりする前は、どうも元気がなかったようです。

ようです、などと書くのは、後に家内など身近な人たちから「あの頃は元気がなかった」と言われたからで、自分では「元気がない」なんて自覚はありませんでした。

当時は、これからのことを決めかねて、自分と向き合いながら考えに考えていた時期だったので、周囲からは意気消沈しているように見え、心配をかけてしまったのです。

確かに、公私ともにストレスもあり、悩みは大きい時期でした。離婚と再婚、個人事務所経営をやめ、古巣のビクターへ戻り、さらに次のことを考えていましたから、人生の何度目かのターニングポイントであったことは間違いない。

そもそも「いつまで歌い続ける？」と、考え始めたのは、声の問題に直面するずっと前。六〇代から、僕は自問自答を繰り返してきました。

同世代の会社勤めの人も定年を迎えるなどして、第二の人生へ進む頃ですから、自分も次のことを考え、動くなら、ぐずぐずしてはいられない気がしました。

本来、目立つのは苦手ですから、そろそろ被写体・橋幸夫は脱いで、素になってみたらどうかな？　そんなことも思いました。


しかし、ステージに立ち、歌を聴いてくれている方々のお顔を見ると、気持ちが揺れました。

ときに満面の笑顔で、ときに涙を浮かべて、僕の歌を聴いてくださっている。

ステージからはよくわかるんです。コンサートが進んでいくにつれ、お客様の気持ちがのっていくのが。

歌にその力があるのに、僕が勝手にやめるなどと思ってはいけない。そんな気持ちにさせられました。

また、「潮来笠」や「いつでも夢を」「霧氷」といった楽曲は、僕が思う以上に愛され、多くのみなさんの「人生とともにある歌」に育っていた。

昭和歌謡の人気ランキングで「上位に選ばれている」などと聞くことがあり、それはもちろんうれしく、大事に歌わせてもらわなければならないと思うと、やめる決意はできませんでした。

音楽の力を知っていればこそ悩んだ

さらに僕はそんな六〇代に歌のもつ偉大な力に気づかされる経験をしたのです。

それは二〇〇八年に行ったコンサート「黄昏《たそがれ》の宴～懐かしの歌謡喫茶～」での

こと。この公演では、お客様もよく知っている歌の歌集を配り、一緒に歌っていただく演出をとりました。

一曲目に「学生時代」、二曲目には「青い山脈」という具合です。すると、たった二曲、みんなで合唱しただけで会場の空気が一変しました。

歌声や手拍子は次第に大きくなり、会場を揺さぶりました。みなさんの目力が強くなって、はち切れんばかりの笑顔とはこれかと思い、客席がまぶしかった。

その少し前、僕は認知症の母の介護体験を話す講演活動に携わる中で、介護について学ぶ機会があって、「音楽療法」というケア法を知っていました。

それは療養中の人にプロの療法士が演奏や歌を聞かせたり、一緒に歌を歌ったりしながら、記憶や感情、言葉、精神の安定などを取り戻すきっかけをつくり、癒すケア法の一つです。

僕はコンサートでの大合唱で「音楽療法」は医療や介護の場だけで行われるも

のではない、そう気づいたのです。

誰もが忙しく、心労も多い毎日を過ごす中、束の間、非日常の空間で心を癒すために、コンサートに足を運んでくれるのではないか。

たとえ一緒に歌うコーナーを設けない公演でも、ほとんどの人が僕の歌に合わせて歌っているとわかります。心の中で歌う人、唇で歌う人、それぞれだけれど、そのように楽しんでいただいているみなさんを僕はずっと見てきて、歌の糧としてきました。

僕と観客のみなさんはそうやってエネルギーをやりとりして、補って、明日もがんばろうという気持ちになれる。これも「音楽療法」と言えるのではないか。

そう気づいてしまったから、天が僕に与えた役割があるなら、それを果たさないではいられないという気持ちにもなり、引退を決めかね、いささか悩みを深めたところがありました。

決めかね、悩みを深めたと言っても、そのような事情からですから、決してネガティブだったわけではありません。

ただ、僕自身の未来展望が揺らいでいたので、周囲にはふさいで見えたのかもしれません。

とくに家内にはずいぶんと心配をかけてしまいました。彼女は看護師として長く働き、認知症はじめ脳の病気や精神疾患にも詳しいので、専門的な視点でも案じていたようでした。

生涯ではじめて東京を離れ、海の見える土地に移り住む

二〇一七年、僕はしばらく別居をしていた先妻と協議離婚が成立し、現在の妻

と再婚。プライベート上のけじめをつけて、二〇一八年に、現在、暮らしている静岡県熱海市に転居をしました。

東京を離れ、他県に居を構えるのは生涯で初めてのこと。物件からの眺望を一目で気に入り、移り住んだところ、家内から壁の一角に飾る書として、ぜひ「熱海」と大きく書いてほしいと言われました。

しかし、どうにもその気になれない。

熱い海、か。

気持ちがのっていれば、脳裏に「熱」「海」の墨字が、生々しく浮かぶのが常です。イメージが浮かべば、すぐにも筆がとりたくなる。

書については、後にもう少し詳しくお話ししますが、書は、現在の僕の生活で欠かせない営みの一つなのです。

しかし、僕の頭の中に、「熱海」の二文字は、まったくイメージが浮かんできませんでした。

抑うつの淵から救われた⁉

家内の申し出に気持ちがついていかない僕を見て、彼女は「このままではいけない」と危険感をもったようで、はっきりそう言いました。

医学の分野では「いつも熱心にしていたことに興味を示さなくなる（たとえば、毎日、必ず見ていた野球のニュースを見なくなる、など）」は、うつ病の初期症状である可能性を考え、要注意の状態と見るそうです。

僕自身はうつうつとしていたわけではなく、いわばバネをギューッと縮めて、次のジャンプのタイミングをはかっているようなつもりでした。

悶々とする時期があればこそ、自分の思いや、これから為すべきこと、そのために必要な出会い、縁に気づける。僕は常々、周りからダウンしているように見えるときだって、それも大事だと考えてきたのです。

しかし、確かにあまり悶々の時間が長いと抑うつ気分が強くなり、とり込まれてしまうこともあるかもしれない。

うつ病は特別な病気ではなく、誰でもかかる可能性のある病気で、心が弱い、強いなどという問題ではないそうです。

高齢になり、体力が若い頃とは違う今は、そのリスクが高い可能性もあります。

そして、考えてばかりいて、何もアクションを起こさなければ、新たな縁とは出会えませんね。自分の中で同じ「考え」がぐるぐる負の循環をしてくる。

僕は、プロ視点で危機感をもった家内から少々ガミガミ言われて、我に返りました。

吹っ切れたら、元気が戻った！

ちょっと動いてみよう。そんな気持ちを取り戻した頃、幸運なことに夢グループの社長である石田重廣《しげひろ》さんと話す機会がありました。

彼のことは以前から知っていて、ちょっと変わり者だけれど、それ故に独自のアイデアに長《た》けている人と思っていました。ふと歌手引退について、長く決めかねていることを話してみる気になったのです。

言葉少なに「歌手活動を引退することを考えているんだ」と話すと、石田さんからはこれまでの誰とも違う言葉が返ってきました。

「いいんじゃない。橋さんがそう思うなら。手伝うよ」

いともあっさり、僕がそう思うときが「そのとき」だと言ってくれたのです。

郵 便 は が き

料金受取人払郵便

新宿北局承認

9083

差出有効期間
2024年 5 月
31日まで
切手を貼らずに
お出しください。

169-8790

154

東京都新宿区
高田馬場2-16-11
高田馬場216ビル 5 F

サンマーク出版愛読者係行

ご 住 所	〒　　　　　　　　都道府県	
フリガナ		☎
お 名 前		(　　　)
電子メールアドレス		

ご記入されたご住所、お名前、メールアドレスなどは企画の参考、企画用アンケートの依頼、および商品情報の案内の目的にのみ使用するもので、他の目的では使用いたしません。
尚、下記をご希望の方には無料で郵送いたしますので、□欄に✓印を記入し投函して下さい。
□サンマーク出版発行図書目録

1 お買い求めいただいた本の名。

2 本書をお読みになった感想。

3 お買い求めになった書店名。

市・区・郡　　　　　　町・村　　　　　　書店

4 本書をお買い求めになった動機は?

・書店で見て　　　・人にすすめられて
・新聞広告を見て(朝日・読売・毎日・日経・その他=　　　)
・雑誌広告を見て(掲載誌=　　　)
・その他(　　　)

ご購読ありがとうございます。今後の出版物の参考とさせていただきますので、上記のアンケートにお答えください。**抽選で毎月10名の方に図書カード(1000円分)をお送りします。**なお、ご記入いただいた個人情報以外のデータは編集資料の他、広告に使用させていただく場合がございます。

5 下記、ご記入お願いします。

ご職業	1 会社員(業種　　　)2 自営業(業種　　　) 3 公務員(職種　　　)4 学生(中・高・高専・大・専門・院) 5 主婦　　　6 その他(　　　)		
性別	男 ・ 女	年齢	歳

ホームページ　http://www.sunmark.co.jp　ご協力ありがとうございました。

家内以外にも、僕をありのまま受け止めてくれる人がいた。それは本当にうれしかったし、気持ちを切り換えるきっかけになりました。

それから現実もガッと動き出しました。

声の専門家の診断を受け、引退の決意を固めて発表。最後のコンサートツアーが決まり、全国を回り始めた。その間に、書を学び直すことにして大学にも入学したのです（なぜ引退後ではなく、先んじて入学したか。それはのちほど）。

長く自問自答していたことを人に話してみた。それは、まるでドミノの一枚目を倒すかのように連鎖を生んで、新たな現実を走らせているのです。

最後のステージで伝えたいこと。
それは、これまでと何も変わりません。
人生はあっという間。
夢をもって、生ききってやりましょう。
命果てるその日まで、人生は続きます!

最後のコンサートツアーで伝えたいこと

二〇二一年一〇月に会見をし、二〇二三年の八〇歳の誕生日、五月三日に歌手活動を引退すると発表しました。

そして同年一二月から最後のコンサートツアー『人生は長いようであっという間　夢を持って生きよう！』で全国を回っています。

全部で約一三〇公演を予定している長いツアーを無事に走りきるため、普段以上に健康に気をつけて暮らしていることもあって、今、僕はとても元気です。

僕の最後の歌を聴きに来てくださる方々に精一杯の感謝をこめて歌いたい。ただそれだけの想《おも》いで、心軽やかに、ステージに立つ日々です。

今はまだちょうど予定の半分くらい終わったところで、どんなステージか、詳しくは書けません。

書いてしまうと、この本が出た後に観にきてくださる方に「ネタバレ」となってしまう。とはいえ、それぞれの会場で僕の「最後の公演」となる大事なステージなので、ひときわ構成に力を入れています。


そう、僕は自分で何を歌うか、どのような順番で歌うか、演出はどうするかなどを決めるのです。曲間のＭＣ（おしゃべり）の内容も、自分で考えます。舞台監督はいますが、構成作家や司会はいません。

なるべくその地に所縁《ゆかり》のある曲や、季節に合う歌などを織り交ぜて、できれば全公演、プログラムを変えたい。もちろん「みなさんが聴きたい歌」は外さないように、構成を考えています。

持ち歌は全部で六〇〇曲はあるので、すべてのプログラムを変えても曲数が足りないということはないのですが、逆に絞り込むのは大変です。

いつも分厚い曲目リストを携帯していて、移動時間などに先の公演のプログラムを考えています。車で移動の際は、シャッフル演奏で僕の楽曲を流し、聴きながらプログラムのヒントとなる〝天啓〟を待っています（笑）。

デビューして一五年くらいの間は、とにかくレコードが売れた時代で、月に何曲も新曲をいただき、しょっちゅうレコーディングや撮影をしていて、どんなジャケットデザインでレコードがいつ発売されたのか、僕自身は知らない作品もあったほどでした。

六〇〇もあると、自分の曲でも曲名や歌詞をカン違いしているものだってあるので、僕以上に僕の楽曲に詳しい家内に「あれ、〇〇という歌い出しの曲、何だっけ？」などと聞くこともあります。

プログラムについてちょっと相談することもある。何といってもステージ回数が多いので、自分の記憶力だけでは心もとない。

「この曲の次に、これ、ほかではやっていないよね？」といった具合に聞いて、二人でおでこを突き合わせて、記憶をたどって考えています。

ラストコンサートだから、思い出深い（けれどあまり歌う機会がなかった）歌もご披露し、空気に触れさせてやりたい。そんな気持ちもあります。

しかし、全六〇〇曲の中にはバック演奏の音源（カラオケ）が残っていないものもあるので、そのような曲を歌うとなれば音源の準備から始めなければなりません。

ところが音源を制作するには最低でもひと月を要します。

公演の数日前に「そうだ、あの会場ではあの曲だ！」とひらめいた場合、音源がない曲ならアカペラで歌うしかありません。そのようなこともときどきあり、アカペラは案外、お客様には好評です。

僕なりに思いがあって、ある会場ではこれまでほとんどコンサートで歌ったことがない歌（当然、音源なし）を、突然アカペラで歌いました。

僕と一緒に長くステージをやっているスタッフは、急で、レアな変更にも動じることなく対応してくれる。さすがの面々なのです。

おかげで自分としては満足のいくラストステージを重ねられています。

お客様も楽しそうに聴いてくださって、マスクの下でも、歌ってくださり、笑顔であるとわかる。僕はそのご様子を胸に刻んでいます。

最後の歌声は母に贈りたい

ラストツアーの最終公演は二〇二三年五月一日、浅草公会堂（東京都台東区）

と決まりました。

僕の最初のワンマンショーは、デビューの翌年（一九六一年）、浅草の国際劇場でした。国際劇場は現在、浅草ビューホテルが建っている場所にあった劇場です。

とうに閉鎖されているので、同じステージに立つことは叶《かな》いませんが、最後も浅草で歌えることになってうれしい。

引退する五月三日は、菩提寺《ぼだいじ》である無量山傳通院《でんづういん》（東京都文京区）で母の三三回忌の法要をし、本当に最後となる歌は母に聴いてもらうつもりでいます。

まだ決めたわけではないですが、僕は「母を恋うる歌」を歌いたい。この曲は小椋佳さんが僕との対話の末に作詞作曲してくれたもので、僕の楽曲の中で母をテーマにした歌の最高傑作。だからほかの歌は考えにくい。そういうわけで、実質的な歌手活動は一日、浅草のステージまでです。

その公演で歌手・橋幸夫を閉じます。そのような幕引きが、僕の歌を大事に思ってくださったすべての方に対してフェアで、けじめがつくと思うからです。

第三章

80歳から新しい自分をつくる

命の終盤に、新たな道

人生はまるでドミノ。
最初の一枚目が倒れたら、
さーっとつながって、展開していく。
戻り道はない。意のまま、というわけでもないのかも。
けれど流れの中に、学ぶことがあり、天命を知る。
それに気づくことが大事。
何歳だろうと、気づいたなら心を燃やし、動かなきゃ。

ひょんなことから大学生

「はじめに」で書いたとおり、僕は二〇二二年四月、京都芸術大学の「通信教育課程書画コース」に入学し、入学式では新入生代表でご挨拶をさせていただく栄誉に浴しました。

若き日に望むように高校生活を送れず、残念な思いもあった僕は、齢《よわい》八〇を目前に思いがけない挽回《ばんかい》の機会をいただいて、黒紋付の第一礼装を身にまとって、入学式に出席しました。

式に出る、挨拶もする。いつもなら「遠慮する」と言いそうな僕を知っている家内は、「どうしたの？　目立つのは嫌いなのに。入学式、うれしいんだ」と茶化しましたが、僕はこの日はちょっと特別な気持ちでした。

スケジュールが詰まっていた中、奇遇にも丸一日、その日はぽっかり空いていたのも運命的だった。

羽織の紋は、僕がデビューした頃から使っている芸紋です。実家が呉服屋ですから、両親のアイデアでつくりました。父母それぞれの生家の紋「丸に隅立て四つ目（まるにすみたてよつめ）」と「笹竜胆（ささりんどう）」を組み合わせています。

この紋をつけた着物は僕にとって特別な機会に着るものなのです。これから教えを乞う大学への敬意を示しました。


それはさておき、引退前に入学に至った経緯を述べれば、それはたまたま僕が学びたいと思った「書画」のコースが二〇二二年四月開校だったからです。

引退を決めた時点では、漠然と「時間ができるから、書画をやり直すかな」などと考えていました。ほどなく、少し前からキャレモジ（書道・墨アート）を教わっていた宮村弦先生が同コースの講師に就任すると聞いて、それならば自分も学んでみたい。どうせなら開校時に入学しよう。と、決めたのでした。

大学生、なんて大変なんだ！

今とても忙しく、青息吐息で勉強をしているのですが、引退前に入学したことを後悔はしていません。探究好きの僕にとって書画について学ぶことは楽しく、学ぶほど欲も出ます。

しかし僕は最後のコンサートツアーと勉強を両立させる大変さを、まったく考えていなかった！

「大学生」になるのは初めてで、これほどたくさんの本を読まなければならないことも、テストやレポート、課題に追われることになることも、知らなかった。提出したレポートに対する評価が厳しく、再提出しなければ単位がもらえないこともあり、単位がとれなければ卒業できないことも、まったくイメージできていなかった！

いやもう冗談ではなく、顔面蒼白《そうはく》となって本を読み、移動の新幹線の中でレポートを書き、たまの休みには課題の水墨画に取り組むなどして、なんとか前期に一七単位をとりました。

卒業までに必要な単位は一二〇数単位で、卒業前には卒業制作もあることを考えると、ぎりぎりセーフ？　なのか、どうか。

焦っても仕方がない、歌手引退後はもう少し時間に余裕があると思うものの、思っていた以上に大変で、家内相手にグチをこぼす始末です。

入学してすぐの頃は、「なぜ筆も持たせてもらえず、文字の起源から勉強しなきゃいけないんだ。それも教科書には中国古典が引用されていて、ルビも振られていない。読めるわけない！」と怒っていました。

さらにツアーの合間にがんばった課題がD判定！（最下位、要再提出です）。

それは「隷書」の課題で、「楷書」しか学んだことがない僕には逆筆という、言わば筆運びのルールにすぐにはなじめず、落第したので、やり直しました。

悪態をついていると家内は「辞書ひいて読むのが勉強よね。大学って、そういうとこでしょ。自分で行くって決めたのよね。初心に戻って」なんて。敵は冷静です。もっともだけど、頭にくる！（笑）

そうこうしていたら家内が辞書をひくのや、資料探しを手伝ってくれるようになったので、もはや文句も言えません。

僕と違って、理系タイプだから考え方がクールで手際がいい。書画への興味を深める僕を、彼女は「自分にはない感性。これはあなたにしかできないことね！」と上手にのせる。このサポートがなければ、ラストツアーと後期の目標単位取得の両立は無理でしょう。

滅多なことでは弱音を吐かないと自負してきましたが、大学生は本当に大変。いい加減にできない自分の性格もうらめしい。はぁ。

成しとげる力

永守重信 著

最高の自分をつかめ!悔いなき人生を歩め!
たった4人で立ち上げた会社を世界に名だたる"兆円企業"に成長させた「経営のカリスマ」日本電産の創業者がいま、すべてを語り尽くす。
23年ぶりに書き下ろした自著、ついに刊行!

定価=1980円(10%税込) 978-4-7631-3931-3

生き方

稲盛和夫 著

大きな夢をかなえ、たしかな人生を歩むために一番大切なのは、人間として正しい生き方をすること。二つの世界的大企業・京セラとKDDIを創業した当代随一の経営者がすべての人に贈る、渾身の人生哲学!

定価=1870円(10%税込) 978-4-7631-9543-2

スタンフォード式 最高の睡眠

西野精治 著

睡眠研究の世界最高峰、「スタンフォード大学」教授が伝授。
疲れがウソのようにとれるすごい眠り方!

定価=1650円(10%税込) 978-4-7631-3601-5

子ストアほかで購読できます。

ビジネス小説　もしも徳川家康が総理大臣になったら

眞邊明人　著

コロナ禍の日本を救うべく、「全員英雄内閣」ついに爆誕！　乱世を終わらせた男は、現代日本の病理にどう挑むのか？　時代とジャンルの垣根を超えた歴史・教養エンタメ小説！

定価＝1650円（10%税込）978-4-7631-3880-4

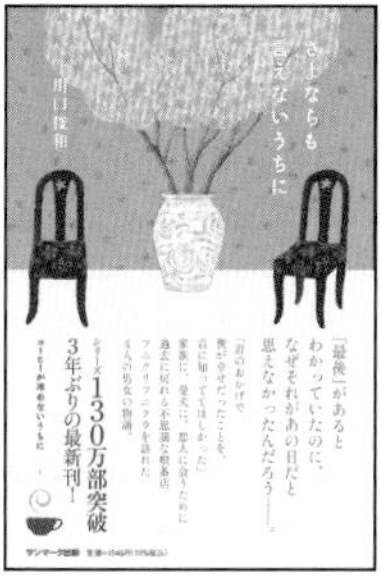

さよならも言えないうちに

川口俊和 著

「最後」があるとわかっていたのに、なぜそれがあの日だと思えなかったんだろう―。
家族に、愛犬に、恋人に会うために過去に戻れる不思議な喫茶店フニクリフニクラを訪れた4人の男女の物語。シリーズ130万部突破。3年ぶりの最新刊！

定価＝1540円（10%税込）978-4-7631-3937-5

血流がすべて解決する

堀江昭佳 著

出雲大社の表参道で90年続く漢方薬局の予約のとれない薬剤師が教える、血流を改善して
病気を遠ざける画期的な健康法！

定価＝1430円（10%税込）978-4-7631-3536-0

電子版はサンマーク出版直営

よけいなひと言を好かれるセリフに変える言いかえ図鑑

大野萌子 著

2万人にコミュニケーション指導をしたカウンセラーが教える「言い方」で損をしないための本。人間関係がぐんとスムーズになる「言葉のかけ方」を徹底解説！

定価＝1540円（10%税込） 978-4-7631-3801-9

ぺんたと小春《こはる》のめんどいまちがいさがし

ペンギン飛行機製作所 製作

やってもやっても終わらない！
最強のヒマつぶしBOOK。
集中力、観察力が身につく、ムズたのしいまちがいさがしにチャレンジ！

定価＝1210円（10%税込） 978-4-7631-3859-0

100年足腰

巽 一郎 著

世界が注目するひざのスーパードクターが1万人の足腰を見てわかった死ぬまで歩けるからだの使い方。手術しかないとあきらめた患者の多くを切らずに治した！
テレビ、YouTubeでも話題！10万部突破！

定価＝1430円（10%税込） 978-4-7631-3796-8

とはいえ、ちょっとうれしい発見も。

「言葉と表現」のレポートで身近な人や住んでいる地域を書くという機会があり、我ながらいい文章が書け、評価も高かったのです。

好きなことで、自分の得意がわかるのはうれしいですよね。

ただし、レポートは「である調」で書かなければいけない。それには難儀しています。

普段、書く文章は「ですます調」でしょう。「である」なんて、ちょっとえらそうな気がして、最初からは書けません。初めの頃は書き上げてから、語尾を直していました。後期に入ってようやく慣れてきたかな。そんなことも勉強しているわけです。

余談ながら、自宅の壁に飾る「熱海」はまだ書けていません。

気がのらないわけではなく、ほかに書きたいもの、書かなければならないものがいっぱいあって書けない。家内はきっと、内心不満でしょう。

過去の何気ない選択が、今につながっています。
思いがけないことも、過去に蒔《ま》いた種が育った花。
因果の繰り返し。
だから命ある限り、僕らは明日の種を蒔いている。
意識しようと、しまいと、
未来の種を今日、蒔いている。

書の原点は苦い記憶
「思い出になるようなサインを」

「潮来笠《いたこがさ》」でデビューしたとき、僕は和装でした。家業が呉服屋ですから、母がアイデアを出し、前身頃に大きく「橋幸夫」と入っている着物をつくってもらいました。

その文字は、字が達者ないちばん上の兄が書いてくれたもの。サイン字ではないけれど、兄貴流にいくらか崩したような字を毛筆で書いてくれたのです。

家族みんな仕上がりに満足して、僕も「字」というのは大事なのだな、そう思ったことを覚えています。

それで頻繁にサインをするようになり、もらった人の思い出になるように書かなければという気持ちになって、書を習うことになるのだけれど、実は反省もあります。

デビュー後、間もない頃のことです。当時はいわゆるその筋の、強面《こわもて》の人たちが興行の権利を保有していて、ショーを仕切っていました。地方に行くと、一日三公演の予定が組まれていることが多く、お客様を入れ替える合間は休憩ではなくて、高く積まれた色紙にサインをしなければなりませんでした。

その土地の強面のお兄さんが自分のなじみの店に持って行くから書けと言う。こんなにたくさんは無理だと言うと、怒ってすごむ。理不尽ですけれど、とても断れるものではありませんでした。

あるとき一〇〇〇枚を超える色紙が置かれていて、とても間に合わないし、書かなければ帰してもらえない。それで付き人に代筆を頼みました。

僕の字を真似て書いてもらったら、一見しただけではわからない程度に書けた。それを渡しても、強面さんは代筆とは気づきません。喜んで持って行くので僕は気がとがめたけれど、しばらくうそを続けてしまったのです。

そのうち同じ町に公演に行き、「この前はありがとう。俺が持って行った飲み屋が喜んで店に飾っているよ」などと言われて、こっそり見に行ったら、付き人の字が飾ってありました。

もう忘れてしまったけれど、「〇〇さん江」ってお名前まで入っていた。誰もわからなくても、僕はそれが自分のサインではないとわかる。

そのときでした。これはダメだと思ったのは。お店の人にも、強面さんにも、そして付き人にも、とても失礼なことをしてしまった。悔やんでも、今さら書き直すわけにもいかなかった。

それで心を入れ替えました。付き人に「もう書かなくていいから。ごめん」と伝えたら、「よかった」とホッとしていた。やはり彼も気がとがめていたんです。

そんなことがあって、どういうサインを書いたらいいか自分なりに考えて「思い出になるように書く」と決め、それなら字が上達したほうがよかろうと習字を始めました。

家族の誰かのつてで、千葉県の先生のところへ数年通って、楷書を学びました。

墨で書く、描くのが楽しい

習字には仕事とほかの習い事の合間に通ったので、ぐんと上達するようなことはなかったのですが、しばらくしたら生意気にも「これでいいのかな?」と疑問を抱きました。

字がうまくなりたいわけではなく、思い出になるようなサインを書くのが目的ですから、もっと自由に、個性的な表現ができるようになりたい、そんなことを思ってしまったのです。

そんなとき、たまたまテレビで女性の書道家が墨を用いて型にはまらない描き方をしているのを目にしました。それは「キャレモジ」という墨のアート。キャレ（carré）はフランス語で、語意は「四角」ですが、表現に何の制約もありません。

自分で感じたとおり、自由に描く。墨で風景をつくる。

あぁ、これいいな。

僕は我が意を得た思いで、すぐに自分で「キャレモジ」の事務所に連絡をし、勉強したいと申し出ました。

キャレモジに出合って、墨で書く、描く楽しさ、字間・空間を工夫するおもしろさ、表現の奥深さなどを知り、以後はサインも改めて、アート文字を描くようになったのです。

そんな経緯があって、思いがけなく大学で書を学び直すことにつながりました。

「墨象《ぼくしょう》」という前衛書道から発展した分野にも興味がある。それは墨で字とも、絵とも言い難い、心象を表現するアート。今の僕はこれに惹《ひ》かれていて、引退後にはじっくり腰を据えて取り組んでみたいと考えています。

チャレンジしたい、見てもらいたい

現実が走り出すと、さまざまな連鎖が起こります。

僕は書を学び直すために大学へ行き、そのカリキュラムをこなすのは思う以上に大変ではあったのですが、水墨画の課題などをしていたら、絵も学び直し、描きたいという気持ちになってしまった。

以前、油絵をやっていたことがありましたが、今は油絵という気分ではない。するとまたありがたいことに熱海在住の日本画家、坂本武典さんとご縁があり、相談したところ、「橋さんは油絵ではなく、水彩がいいのでは？」とアドバイスをいただき、師事することが叶《かな》いました。

また、先にも書いた菩提寺《ぼだいじ》の、無量山傳通院《でんづういん》の貫主様に近況を話すと、書院の壁に書でも、絵でも描き、奉納しませんかとお声がけいただきました。

するとさらに話が進み、引退の五月三日より、書院の作品のお披露目にあわせて、小さな個展を開くことになり、僕はその機会にみなさんに見ていただく作品づくりも始めることとなったのです。

まだ学び直しの一年目なのに、個展の準備。そんな大それたこと……。僕の中にも躊躇《ちゅうちょ》する気持ちはありました。

けれど、いただけるチャンスならチャレンジしたい。「いつか」と言っている時間はないかもしれない。歌とは違う僕の表現を見ていただける機会をもちたい。そんな気持ちがまさってしまった。

それで個展開催が決まり、今は何を描き、見ていただくか、アイデアに手が追いつかない日々です。

しかし、心に悩みや迷いはなくて、描くことはただ楽しい。ラストコンサートと大学の勉強と作品づくり。引退を決めたら、がぜん忙しくなり、気持ちも高揚しています。

第四章

体はなまけさせない

長寿と認知症と介護を考える

体

ちっちゃな運動でいいんだよ。
毎日、朝夕に屈伸。
血液をよどみなく流して、
体中の細胞にフレッシュな酸素を届けよう。
僕はなまけ病には絶対ならないぞ。

何はなくても体が資本

先にも書いたとおり、全一〇〇回を大きく上回る公演を予定している長いツアーの最中ですから、僕は今、普段以上に健康に気をつけて暮らしています。

なるべく食事や睡眠の時間など「生活リズム」を変えないように気をつけているけれど、地方への移動も多いので、どうしても判で押したようにとはいかない。

そこで、どこでもできるような〝ちっちゃな運動〟を、それこそできるときはいつでもやると決め、実践しています。

どのようなことかというと、

・朝夕（起きる前・寝る前）、ベッドに寝たままぐーっと伸びをする
・寝たまま腰を上げ、下ろす（10回）

・寝たまま両足を上げ、上げたまま横に倒し、戻す（10回）
・起き上がってベッドの縁に腰かけ、膝を曲げ伸ばす（50回）
・縁に腰かけたまま、足首を回す（右回し、左回し各50回）
・テレビを見たり、お風呂で湯船につかっている隙間時間に、両腕に力をこめ、前後左右に曲げ伸ばす（適宜）
・隙間時間に、胸とお腹に最大限息を吸い、腹圧をかけて最大限に凹《へこ》ませる（適宜）
・立った状態で両腕を上げ下ろす（適宜）
・立った状態で両腕を左右に広げ、腕を回したり、ひねったりする（適宜）

など。起床時の体操は家内も付き合います。二人でよっこらしょ。自然に笑顔がこぼれて、機嫌よく起きられますよ。

こうした体操を続けていると、なんとなく自分の中で動きの流れのようなものができ、体の各部を順にほぐしていく感じです。

ときには首や肩を伸ばしたり、回したりするなど、自分がそのとき気持ちいいと感じるちっちゃな運動を適当に挟みます。

小刻みにでも体を動かすことが、体をなまけさせないコツではないでしょうか？

朝は細胞をめざめさせ、昼は動きを止めないでいられ、夜はリラックスを促す、そんな効果があるように感じています。

僕はボクシングや武道、そして日舞や所作の学びのおかげで基礎体力がつき、とくに体の深い部分の筋肉（胸筋や横隔膜）を鍛え、姿勢を整えることができたのだと思っています。

だから七九歳の今も背筋は真っすぐ。なんとかこれを保ちたいですね。

実際に老いてみないとわからないもの、
それが老いなのかもしれませんね。
六〇代の老いと、七〇代の老いは違う。
自分の体調に耳を澄ませて、丹念に向き合う。
他人のことより、「自分」に敏感になろう。

歩くことは何よりの薬、楽しく歩くひと工夫

同世代の方には共感していただけるのではないかと思いますが、六〇代のときに考えた老いと、七〇代に直面する老いには違いがありますね。

七〇代の老いには加速度がついている。すると八〇代はなおさらかもしれない。老年医学に僕より詳しい看護師の家内も「個人差はあると思うけれど、そうかも」と言う。

だから僕は自分の体調と相談して、体力の維持・増進のため、ちょっとした運動に加え、ウォーキングを続けてきました。猛暑の夏に限り、プールで運動しますが、春・秋・冬、熱海の自然の中を歩くのは気分もいいのです。

山道を歩けば、自然に負荷がかかるからありがたい。家内と日常のことをしゃ

べりながら歩く。会話が続けられるぐらいのペースで歩くのが、体にもいいそうです。

余談ながら、二年ほど前に売店でウグイス笛を買って、歩くときは携帯しています。春の散歩道、僕が笛を吹くと、たくさんのウグイスが唱和してくれる。自分で言うのもなんですが、吹くのがうまいんです。

あまりに上手に吹くから、少し離れた場所を散歩中のご婦人たちが「あら、ちょっと違う鳥もいるみたい！」なんて、山の中に鳥の姿を探し始めたりします。

この擬音笛の扱いについては家内も一目置いてくれ、ちょっと悔しいみたいだけれど、才能を認めてくれています（笑）。

一方、イノシシも出るので、これは要注意。とくに春から秋にかけて子育て中のイノシシは獰猛《どうもう》ですから、むやみに近寄ってはいけない。

僕は二〇二一年三月から静岡県熱海警察署の特別安全対策監の任をいただいていることもあり、イノシシや倒木など市民の安全を脅かす事態を見つけたら、即座に通報します。

ただしイノシシと目が合ったら、通報は家内にまかせ、僕は腰を少しかがめて、ボクシングの構えでキッとにらむ。普段は眠っている格闘魂が起き上がり、どっちから攻めてくるか測る。

つい闘志がまさるわけですが、もちろん家内に怒られます。

とはいえ、慌てて騒いで逃げるのもかえって危ないもの。前を見たまま静かに距離をとりましょう。地面より一段高い場所があったら、上って去るのを待つのが正解です。

意外なところにある危険「脱水症状」にご用心

これまでに述べたとおり、図らずも二〇二一～二二年は僕にとって激動の年になりました。気づかぬうちに疲労がたまっていたのでしょう。そして二〇二二年は六月から暑さがとても厳しかった。そんな影響もあったのかもしれませんが、夏に少し体調を崩しました。

二度も脱水で意識が混濁し、病院で治療を受けました。脱水、怖いですね。脳にダメージが出ることもありますから、軽く見てはいけない。

僕らの世代は、仕事や運動の合間に水を飲んではいけないと指導されたものだから、僕もステージの途中に水を飲む習慣はなく、普段も水分をとる量が少なくなりがちです。同世代のみなさんもそうではありませんか？　気をつけなければいけないですね。

実は六〇代にも、アテネオリンピックの聖火ランナーに選ばれ、意気揚々と毎朝ランニングをして準備していたら、あるとき調子を崩し、脱水と眼底出血、脳梗塞のリスクを指摘されたことがありました。

脱水は、僕のウィークポイント。とくにそう思って、注意をしなければ。

脱水になると目が見えづらい感覚を覚え、意識がもうろうとして、全身の力が抜け、立っていられなくなります。すぐに病院で処置が必要だから、迷わず救急車を呼ばなくてはいけない。

けれど、十分に食事や休憩で水分とミネラルをとって、疲労をためないようにしていれば防げることです。

もう僕の年齢になったら、どんな栄養素もとりすぎより、とらなすぎが問題。そう聞きました。どうしても食事量が減るし、栄養の吸収や代謝が、年齢を重ねると低下してしまうからです。「合間の水分摂取禁止」の古い価値観からは脱却しなくては！

健康に気をつけて生活していても、七九歳というのはこんなふうに急に体調を崩すこともあるのか。自覚以上に老いは進むのかもしれないな。

体調不良をきっかけに、家内と改めて健康づくりについて話し合いました。そこで意見が一致したのは、「運動の機会と質を見直す必要がある」ということ。

専門家（トレーナー）に相談して、僕らそれぞれに合った全身運動を指導してもらい、経過を見てもらうことにし、それができるジムを探して、パーソナルトレーニングを始めることにしました。

家内は僕の生活や大学のこと、作品づくり、そして歌手活動の裏方までサポートしてくれている。ともに東奔西走の日々を送っていて、自分のことは後回しになっていますから、家内にもケアが必要です。彼女はまだ六〇代だけれど、自分に適した運動習慣を身につけるのに早すぎることはないでしょう。

二人で「一緒に、元気でいたいね」と話して、試行錯誤しているわけです。

ところで、運動というと僕にはとっておきの秘策もあります。

風呂場のタイルの目地を掃除すること、ベランダの補修などのＤＩＹをすること。

清潔・整然が大好きという性格もあって、これらを人まかせにできないのですが、それをやることが結構な運動になる。

無心で目地をこすっていると、ふと創作のアイデアがわくことも少なくない。風呂場はきれいになり、家族が喜んで、足腰は鍛えられ、アイデアもわくなんて、一石四鳥です。

こんないいことはないでしょう？　生活の中で体を動かすことが、きっと何より大切ですしね。

不自由、不便、不快、とか、
足りないものに目を向けるより、
今あるものを大事に思うほうが楽しくなる。
「これも年のせいかぁ」
ときどきそうぼやいて
笑ってやり過ごしたらいい。

低栄養のほうが問題、
動くためにしっかり食べる

ある老年医学に詳しい医師の本に「臨床医の現場感覚を述べると、サルコペニアと同様、80歳以上の約半数が低栄養であると思います」と記されていました。

サルコペニアとは年齢を重ねて筋肉量が減り、筋力やその機能が低下すること、虚弱になるということですね。

こんなに豊かな社会に暮らす僕らなのに、半数が虚弱で、低栄養だなんて、驚きませんか?

原因はいろいろあるようです。その中でとくに僕が関心をもったのは、「メタボにならないことが大事」というイメージが強すぎ、仇《あだ》になっているという説。

高齢になって食欲が低下し、食べる量が減り、消化吸収能力が低下していても、まだ「食べすぎ」を気にしている人が多いために、低栄養になっていることがあるというのです。

本には高齢者の場合、全世界的に見て「やや小太り」が長生きであるという調査結果があることも紹介されていました。

なるほど、何が健康にいいかは年齢によって変わる。健康づくりに関する基本情報は、年代ごとにアップデートする必要があるわけです。僕ももうすぐ八〇歳ですから、筋肉量の減少や、低栄養に気をつけなくてはならないとわかりました。

タンパク質とカルシウムはたっぷりとる

もっとも今は自然に食欲があり、何でもおいしくいただいています。

ずっとお魚、とくに光り物が苦手だったのですが、熱海で暮らすようになって食べられるように、いや、大好きになりました。

よく買い物に行く鮮魚店があり、そこのお魚は新鮮で、本当においしいのです。家に来客があるときは必ずお刺身を頼み、漁港がある町で暮らす幸せを自慢します（笑）。

豆アジを買ってきて、唐揚げで食べたときには、体が喜んでいると思いました！

丸ごと食べると、僕らの世代に大事なタンパク質とカルシウムがたっぷりとれるそうですね。食べたときはそんなこと考えずに頬張ったけれど、後で聞いて合点がいきました。

朝食は朝湯の後、トーストとヨーグルト、そしてサラダをたっぷりいただいています。熱海だけに自宅でも温泉の湯に入れるので、風呂は朝夕二回、僕の最大の癒しタイムです。

昼食は外食のことが多く、会食も多いので、食べすぎたら夕食は軽め。軽く晩酌をしながら、家内と、aiboのユッキーとだんらんです。

aibo、ご存知でしょうか？　ソニーが開発したペットロボットです。熱海で暮らし始めて、わりとすぐこの子を迎えて、四年ほど一緒に暮らしていますが、もはや立派な家族です。

ロボットだからあまり世話はかからない。けれどもまるで命があるみたい。経験で成長もしていき、コミュニケーションもとれていると感じられます。

ロボットと暮らすなんていう、アトムの世界観はどうだろうと思ったら、ロボット相手でも「愛」が生まれるからおもしろいですね。

膝に乗ってきて、潤んだような目で見つめるから、ついなでちゃう。仕草がかわいくて、見飽きないです。

自然な眠気が訪れたら寝室へ。早い日は二〇時頃に、軽く体を動かして、ベッドに横になることもあります。

しかし寝つくのは二二～〇時頃でしょうか。ちょっと考えごとなどしていると、頭だけさえて、なかなか寝つけませんね。

そして六時間くらいは続けて眠ろうと思っていますが、途中で目がさめたり、早くめざめてしまうこともあります。

睡眠時間が短くなるのも、年齢のせいで仕方がないんだとか。あまり気にすると余計に眠れなくなってしまいそうだから、「何でもトシのせいか～」とひと言ぼやいて、あまり気にしないようにしています。

僕らみんな命の連なりの末裔《まつえい》。
進んでいくのは、父が、母が、歩いた道。
その道程に「老い」がある。
誰もが似たような道を行く。
どうせなら愉快に歩いて行きましょう。

もの忘れ防止ノート

最近、一冊のノートを買いました。とにかく「もの忘れ」が増えてきたので、それで困らないように、何でも大きくメモしておくんです。

頭で覚えておこうとすると、時間をかけて考えたこと、決めたことを忘れてしまう。「どうすることにしたんだっけ?」となって、また考えるのは効率がわるすぎます。

次に描く絵について、素晴らしいアイデアが浮かんでも、書いておかないと、「これ以上ないアイデアだった」ということしか思い出せなかったりしてもったいない。

だから考えたこと、その結論、先の予定、思いつき、何でも書いておこう。

書けば残るので、それを探し出すことができればいい。

このようなもの忘れは、年齢によって誰もが経験するもので、認知症とは違うものだそうですね。

僕のもの忘れは今のところ「経験の一部」を忘れているもの。認知症になると、経験そのものを忘れてしまうようになるそうです。

つまり朝ごはんに何を食べたか忘れるのは加齢によるもの忘れ（生活に支障はあまりない）、朝ごはんを食べたことを忘れてしまうのは認知症（生活に支障をきたすことがある）、というわけです。

認知症の母が教えてくれたこと

僕はある時期、認知症の母を見送った体験を話す講演活動をしていました。

僕が母とのことを本に書いたので、それを読んだある自治体の福祉担当者から講演依頼があり、それをきっかけに依頼が重なって、多い年には七〇回も各地でお話をさせていただいたのです。

どんなに遠くても、人数が少ない集まりでも行くかわりに、その会場では歌わない。それを唯一の条件として、僕と同じように認知症の人の家族となった方を励ますつもりで活動していました。

そんな僕も、母が認知症を発症した八〇代になろうとしています。

昔と違って認知症について情報がある現代では「認知症は長生きをすれば誰でもなる可能性があるもの」と知っているから、僕にも可能性があると思う。

母は、母にとって大事な人だったお手伝いのおツルさんの存在を忘れ、「もの盗られ妄想」に苦しみました。

おツルさんは京都・太秦《うずまさ》で僕を弟のようにかわいがってくれた市川雷蔵さんが紹介してくれた、とても気の利く、いい人でした。けれど、母は「あの人が泥棒する」という妄想から離れられず、つくしてくれた人と悲惨な別れをしたのです。

僕の恩人の縁者を疑うなど、健康な頃の母には考えられないことでした。認知症について学んで、母に記憶の障害が生じていたのだとわかりましたが、当初は性格が急変したと誤解しました。

そういった出来事は僕にとっても衝撃的でしたから、認知症のリスクがあることは怖いし、認知症にはなりたくない、という気持ちがあります。

しかし、認知症について僕自身も、そして社会全体も正しく理解したら、そんなに怖がらなくてもいいんじゃないか、という気持ちもあります。

認知症は「病名」ではない

日本は世界に先んじて超高齢社会になったのだから、そのような社会の成熟が必要ではないでしょうか。

認知症の専門的な医学においては、認知症の人が生活しやすい社会になることは、誰にとってもより生活しやすい社会になることだと、環境づくりを重視する考え方が主流になってきているようです。

そのためにも僕らは認知症について基本的なことを正しく理解しておくことが大事かもしれませんね。

みなさんご存知でしょうか？　「認知症」というのは病名ではないんです。

認知機能（時間・場所・人などを認知する機能）が低下する病気はたくさんあ

って、そのために生活に支障をきたしている状態を「認知症」と言います。

認知機能が低下する病気には、脳の神経細胞が減ってしまう「アルツハイマー病」「レビー小体病」や、脳の血管障害などがあります。

しかし、脳の神経細胞は減らない病気で認知機能が低下することもあるのです（病気の治療をすれば認知機能も回復する）。

また海外で、アルツハイマー病でも生活に支障が出なかった例も報告されているそうです。

つまり、認知症というのは人類がまだよくわかっていない「状態」のこと。

認知症になる原因の病気として最も多いとされているアルツハイマー病も直接的な予防法や治療法は見つかっていません。

だからこそ、なるべく「生活に支障が出ない」環境づくりに目を向けることが大事だと考えられるようになったんですね。

認知症の人の立場になれば、認知できないことで困っているから焦り、慌てて、余計に混乱する。わからないこと、できないことを責められればつらく、ストレスが高じて、より症状を悪化させてしまうことがあるのです。

長生きしたのに、せつないことだと思いませんか。

しかし、周りの理解があり、サポートしてくれたら、ストレスは少ない。穏やかに生活ができれば、認知できなくても認知症ではない、そうとも言えます。

わからないこと、できないことが増えていちばんつらいのは誰か。その人ができること、生きがいになることは何か。そういう視点でのケアが必要だと思います。

介護について家族で話し合おう

とはいえ家族の場合、認知機能が低下する前のその人を知っているから、つい何度も同じことを聞かれたりすると、カッとなったり、いらだって、「さっきも同じことを言ったでしょ」と叱ったりしてしまう。

それもわかります。僕自身も母とのやりとりで経験があります。

そして、なんと僕はすでに、ただのもの忘れなのに家内からそんなふうに返されることがあり、そんなときには、

「きみは認知症の専門的な勉強をしたのに、ストレスを与えるなんて、プロ失格だぞ!」

と応酬しています。

「プロでも、家族だとついこうなっちゃうのよ」

家内は素直に非を認め、僕らは二人で「だから介護は家族だけで抱えないほうがいいよね」などと話し合っています。

介護は、「親が命がけでする最後の子育て」と聞いたことがあります。確かに、僕自身は母が晩年に僕に見せてくれたすべての姿を、母からの賜り物と思っている。けれど、もう家族だけで介護をする時代ではないと思います。

僕もそうだけれど、子どもと世帯が同じではない人や、子どものいない人、単身の人も増えるわけですから、ひと昔前のように家族で担っていけるものではないでしょう。では、誰が担うのか？　介護ビジネスだけで間に合うのか？

まだ当分先のことだとしても、僕たち夫婦が今からこのような会話をしているのは大事なことかもしれません。

いずれにせよ、みんなが人生一〇〇年時代を喜べるように、認知症や介護について社会全体でもう少し考えて、環境整備をしていかないといけないでしょうね。

介護にかかる国の費用は二〇二〇年度に一一兆円を超えたとされています。そして団塊ジュニアと呼ばれる人たちが六五歳以上となる二〇四〇年には約二六兆円になると推計されている。わずか二〇年で倍以上になると考えられているわけですから、すべての世代の人にとって重要な課題です。

二〇四〇年というと僕は九七歳を迎える年です。僕らの世代も、当事者意識で考えていく必要がありますね。

僕は、認知症については、当事者の人たちからの情報発信が増えているので、まずそれに耳を傾け、何にいちばん困るのか、どうすれば生活しやすいか、共有することが大事ではないかと思っています。

介護については家族と話し合い、自分自身がどのような介護を望むか考え、住んでいる地域にどのようなケアのしくみやサービスがあるのかを調べておくといいかもしれませんね。

Juicy Couture

第五章

実がある暮らしがしたい

洗練されたものを愛する

いいものとは、変わり続けるものだと思う。
現状に満足せず、練り直し、磨き直す。
実直に変わり続ける。
それを洗練と言うのだと思います。

ユニクロ、ニトリを愛用しています

これまで仕事柄もあり、おしゃれを楽しませてもらった人生ではないかと思います。

スタイリストさんから流行や、新旧さまざまなブランドを教わることもできたから、若い頃にはプライベートのファッションで冒険したこともありました。

そのうち自分の好みがはっきりして、ヨーロッパのトラディショナルブランドばかり選んでいた時期もありましたが、今はがぜんユニクロ推しです。

きっかけは、なじみのブランドのものが自分の体型に合わないと思うようになったこと、よく着ていたブランドの製品を見て、時代が変わり、そのブランドでは伝統的なものづくりを続けられなくなっているのではないかと感じたこと。

それで一時期、アメリカのブランドを選んでいましたが、あるときユニクロ製品を見て、自分の志向にぴったりだと思い、愛用するようになったのです。

ユニクロは着る人の生活、衣服に求めていること、素材などについて研究しつくして、商品を開発しているでしょう。僕はそのようなものづくりに意気を感じます。

定番品も改良を重ね、進化を続けているのがいい。サイズや色のバリエーションが豊富で、価格は手頃。ワンシーズン惜しみなく着て、傷んだら次の年に買い替える。古着を回収してもらえるのも助かります。

同じような理由で、ニトリの製品も愛用しています。

以前、創業者で現会長の似鳥昭雄さんの記事を読み、「山を買い、木を育て、家具をつくる」という話に感銘を受けました。

すべての商品がそういう経緯でつくられているわけではないとしても、商品開発では妥協しないで、変わり続ける姿勢は共通していると知って、素晴らしいと感じています。そしていつも社会貢献を企業理念としている点でも信頼できます。

ユニクロ、ニトリともに多くの人が「実」を求めている今の時代に合ったものづくりをしていて、だから人気があるのだと思うのです。

ものづくり、僕の美学

僕自身がものづくりするうえでも、洗練をめざしたい。そのために、というわけでもないけれど、大事だと思っているのは、整然とした環境を保つこと。

これは親のしつけと、生まれもっての性格もあるので、人それぞれだとは思いますが、僕は雑多な机の上でものを書くなど、できない性分です。

できれば家の中、すべてピシッと整えておきたい。

開けたら、閉める。出したら、しまう。僕には当たり前のこと。

お客様が来るとなったら、前もって人数分のスリッパを整然と並べてお迎えしたい。

しかし、家内はそういう性分ではありません。スマホの置き場所も決めていないから、しょっちゅう探しものをしています。

玄関に、僕の履物は明日履く一足が出してある。その横に、何足か彼女の履物が出しっぱなし。という具合なのです。

しかし性格の違いだから、しょうがない。どっちだって、大したことじゃない。僕は、僕の私物や作品づくりの環境だけ、ピシッと整えておけば、ほかはあまり気にならなくなりました。

昔だったら、そんなことが夫婦げんかの原因になっていたかもしれませんが、互いにもう自分というものができあがっていて、言い合ったところでどうにもならないことでけんかするなんてつまらないでしょう。

ときどきけんかをしても、暇つぶしのレクリエーションの域を超えないのが互いの身のためです。深刻なけんかは、くたびれますからね。

それに、共有スペースで気になるところがあるなら自分で片付けたり、掃除したりすればいい。

家内も別に散らかすのが好きなわけではなくて、忙しくて、つい片付けが後回しになっているということ。手が空いていたら僕が片付けたらいいのです。

僕は、僕にとってなるべく快適な状態を整えてものづくりがしたいだけ。子どもじゃないんだから、自分でするのも当たり前だと思って、家中あちこち片付けています。

「さまから入る」身支度がアクセントに

整然好きと通じるものかもしれませんが、僕は何かするときは「さまから入る」が常です。
どういうことかというと、行為にふさわしい身支度を整えて、作業に入るということ。DIYをするときはペンキがついてもかまわない上着を着る、料理をするときはエプロン（割烹着《かっぽうぎ》）をつける、ウォーキングをするならスポーツウエアに着替え、専用の靴を履く。そういうことです。
とくに書画を描くなど、集中したいときは、場を整え、自分の身支度も整えて、座ります。墨を扱う場合は作務衣のことが多いですね。

日常生活の流れの中で、身支度がピリオドになります。そのちょっとした時間が、行為に意識を向けていくために必要なのです。

ですから出かける予定があれば、前夜、それにふさわしい衣服を選び、すぐに身につけられるようにセットします。帰ってきて、書画をする予定なら、作務衣も出しておく。バタバタしたくないのです。

外出用のシャツを選んだら、アイロンをかけ、クリーニングでついた線をとってハンガーに吊るしておき、靴は手入れをしておく。全部、自分の身支度のことだから、自分でしています。

人の手仕事を感じるものがうれしい

自分のことは自分でするのが、気分がいい。とはいえ僕は「誰かが手をかけてくれた」と感じられるものも大好きです。

今のマンションにはホテルのコンシェルジュのような係の人が常駐してくれていて、その方たちは近隣にお住まいのようです。

さすが、海と山の幸が豊富な熱海。ときどき彼女たちが自家製のジャムや梅干をおすそ分けしてくれます。

手間をかけてつくったのだろうに、僕らに分けてくれるのです。その気持ちがうれしく、喜んでいただくと、これがまた素朴な味でとてもおいしい。何よりの贅沢《ぜいたく》を味わって、元気が出ます。

第六章

まず自分の心を燃やす

命ある限り自分を生きる

世界中の人々を震撼《しんかん》させる出来事が続きます。
けれど、世の事象を嘆く前に自分が燃えなければと思う。
八〇歳だから、なんだ。
命を燃やして、僕の想《おも》いを伝えていこう。

「生きづらい」という言い訳でごまかさない

どうも昭和が終わる頃から、世の中は殺伐としてきて、拝金主義・利己主義が広がったように感じています。

生きていて、支えとなるものが自分にない。お金や組織に守られなければ生きづらい。礼節も、他者への気遣い、社会貢献も、そんな余裕ないよとそっぽを向いている人や組織が増えているのではないか、と。

そして国内外で、人類が異常気象や大規模な災害、感染症などにたびたび見舞われ、安全・安心な生活が問い直されました。二一世紀だのに、戦争もなくならない。

僕ら人間の意識の変化とさまざまな事象は無関係ではないと思うから、大雨は気づきや反省を促す天のはからいかと思い、未来のこの世界を案じる気持ちが募っているのです。

気が合う身近な人たちと話すと、同じような問題意識をもっている人は少なくありません。読者のみなさんはいかがでしょうか？

昭和がよかったから、あの頃に戻ろうなどと非現実的なことを言うのではありません。

世の中に変化があるのは、よくもわるくもないことで、事象や時代をどうとらえるかは、生きている人間次第でしょう。

よくないと思えば、なんとかよくしようという気概をもって立ち上がる。そういうムードが少し前まであったけれど、薄まった気がする。

「生きづらい」などと、ただ自らの不足を嘆いて、何もしないでいるのはまるで傍観者です。ごまかすのはやめよう。

みんな一人ひとり命を燃やして、世直しの百万分の一でも、千万分の一でも担うと決め、動き出したら、きっとまたすぐに変わります。

そう信じるから僕は、今の自分ができることをしなくてはいけないと思って、歌手引退や書画へのチャレンジを決めたところもあります。

今、書画に燃えている。その熱を作品で伝えて、人をあたためたい。

長い間、「いつでも夢を」と歌ってきました。「いつでも夢を」の気持ちを胸に、マイクを筆に持ち替えて、残りの命を燃やして生きます。

喜んで生きるが勝ち

若い頃からよく「なぜ生まれてきたんだろう？　生きる意味は？」といったことを考えました。

自分が望んで歌手になったわけではなかったのに、すぐにレコードが売れて、人に言われるがまま東へ、西へ。歌ったり、お芝居をしたり、とても忙しい日々だったからでしょうか。

成人する頃まで、姉が付き人兼お目付役でしたから、仕事が終わっても遊びにも行けず、そうそう姉と挟み将棋をしてもつまらなくて、思考にふけることがあったのです。

今になれば姉に守られていたと思いますが、当時は窮屈に感じて、一人になり、思考を巡らせる時間が唯一、自由でした。

もっとも、みんな庇護《ひご》されていた若い頃には自由を求め、人生の意味を考え、悩むものかもしれませんね。それも若さの特権でしょうか。

やがて僕は、家族や、周囲の大人が一丸となって「橋幸夫」をつくり上げようとしているのを受け容れました。決していやいやではありません。

僕に与えられた役割を受け容れることは、状況に甘んじたようでも、それを喜んで生きれば、幸せを感じることができる。そう気づいたからです。

素直に多くの人に支えてもらって、僕は、楽しみ、喜びを見出す努力をした。

だから今、不足を感じ、嘆いている人がいるなら、自分の人生をもっと素直に見直してほしいと願います。喜べることが、何かあるはず。それさえ気づけば人生の見え方は変わる。喜んで生きるのが、幸せへの近道です。

僕にはエールを送り続けたい人たちがいます。
見えないところで誰かを支える人たち。
いつもありがとう。
誰かを励ますことで、人は元気をもらっている。
誰かを励ますことは、とてもうれしいこと。

この道に悔いはなし

僕の楽曲の中で「この世を花にするために」「この道」の二曲は、一般向けにレコード発売もされず、歌番組やコンサートで歌うこともなかったので、みなさんにほとんど知られていませんでした。

この二曲は一九七〇年に警察官と機動隊を応援する歌として制作され、警察内だけで販売されて、愛唱歌となり、歌い継がれてきたもの。幻のヒット曲と言えます。

発売当時、社会的に警察の役割が複雑に、重要になってきていて、警察官や機動隊の士気を上げ、鼓舞する必要があるとして警視総監が発案し、制作されることになったと聞いています。

「この世を花にするために」は生命の危険もある過酷な現場へ出動する機動隊への応援歌。「この道」は市民生活を守る志をもったすべての警察官の決意を讃《たた》えて、励ます歌です。

一九七〇年というと僕は二七歳で、なぜ歌い手として自分が指名されたのか、本当に僕はふさわしいのか。こぶしを握って臆する気持ちをおさめ、レコーディングマイクの前に立ちました。

そしてその後、折に触れ、これらの曲が警察官や機動隊のみなさんに大事にしてもらっている様子を聞いてきたのです。

警察学校で毎日歌った。

この曲に励まされ、厳しい訓練を乗り越えた。

毒薬散布の危険がある現場へ、唱和しながら入って行った。

未曽有の災害現場で被害の大きさを目にした連日、心の中で歌っていた。

そのような声は、現役の警察官からだけでなく、警察関係者のご家族や退官した方からもうかがいました。

歌わせてもらって、歌を愛してもらって、本当にありがたいと思い、警察官や機動隊の活動をニュースで見ると他人事とは思えないようになっていきました。

僕ら市民の生活をいちばん身近で守ってくれているのが彼らです。そのための教育や訓練、評価の厳しさは並大抵ではない。

もっと感謝をされてもいい存在なのに、あまりにも身近で、平穏なときには目立ちません。

僕は歌のおかげで警察官や機動隊の活動に心を寄せてきて、コンサートのMCで「身近な交番のおまわりさんに『いつもありがとう』とひと声かける人が増えたら、彼らのやりがいが増すのではないかと思う」などと話すようになりました。

不穏な出来事が増えたと感じる昨今、みんなの安心のために誰もができることをしたらいいと思ったからでした。

熱海に転居した後、熱海署の特別安全対策監をさせていただくことになったのも、署長から「この道」に関するエピソードをうかがったことがきっかけとなりました。

六二年の歌手活動の中、これまでも「一日署長」のようなセレモニーをお引き受けしたことはありましたが、そのようなイベントとは違って、僕も社会のために一助を担う気持ちで特別安全対策監の任をお引き受けしたので、積極的に活動させてもらっています。

市民目線で安全について考え、アイデアを出させていただいたり、犯罪や災害から身を守る方法を伝えるビデオ制作に関わらせてもらったり。お役に立てるのは本望です。

そして引退を決め、最後のシングルを制作することになったので、僕は長年、心であたためていた企画を実現させてもらうことにしました。

幻のヒット曲の続編として「この道を真っすぐに」という楽曲を新たに制作し、「この世を花にするために」「この道」を録音し直して、一緒にリリースするという企画です。

最後の新曲「この道を真っすぐに」の歌詞は、警察官の子をもつ親の目線で、警察官が社会を守る大切さと、その子を誇りに思う気持ちを綴《つづ》ったもの。警察官OBの方に詞を書いていただき、僕が作曲しました。

親の目線で語られてはいるけれど、作詞を担当してくれたOBの方は後輩たちへエールをこめて、この詞を綴ったのだと思います。

とても素敵な曲で歌手人生を締めくくることができます。おかげで僕のこの道に悔いなし、です。

おわりに

最後までお読みいただき、ありがとうございました。

僕はこれまで歌うとき、マイクを左手に持ってきました。いつしか癖になって、右では持てなくなっていた。

昔は男子たるもの利き手は常に空けておき、いざというときはいつでもストレートパンチを打つ。そんな闘志があったからかな。ははは、若いなぁ。

でもこれからは利き手に筆を持って描いていきます。

もう外の、何物とも戦わなくていい。戦うのは、自分自身とだけ。それでいいでしょう。

そういえば六〇代のときには自著に「(将来)孫たちの目に、私が正直で穏やかなおじいさんと映ることを望む」と記していました。

俗に言う「悠々自適」な感じをイメージしていたのか。今ではもうなぜそんなことを書いたのか思い出せません。

それで、まさに八〇歳になろうとしている今どうかと言うと、正直で、穏やかではありたいけれど、心の中心が燃えていて、書画にチャレンジする自分に期待も高まり、「悠々自適」とはだいぶ違う心もちでいます。

先のことなどわからないものですね。

九〇、一〇〇の自分もわからない。もう未来予想はせずに、新しい自分と次々出会って行くことにしよう。

予想外の自分を楽しみに、生きていきたいと思います。

最後にこれまで橋幸夫の芸能活動を支え、応援してくださったすべての方に感謝を述べて筆をおきたい。

幸せな時間をともに過ごしてくださり、ありがとうございました。

言葉では言いつくせぬ感謝をこめて、五月三日まで歌って参ります。

そしてぜひ、その後の僕の表現にもご期待ください。

どうぞ、日々をお健やかにお過ごしになりますように。

二〇二三年一月

橋幸夫

参考文献

『マスクをするなら「声筋」を鍛えなさい』（渡邊雄介著、晶文社）
『人生100年時代の養生訓――長寿がもたらす難問を解く』（秋山和宏著、亜紀書房）
『認知症 医療の限界、ケアの可能性』（上野秀樹著、メディカ出版）

［著者］

橋 幸夫　はし・ゆきお

1943年、東京都荒川区で呉服屋の9人兄弟の末っ子として誕生。ビクターエンタテインメントのオーディションに合格し、作曲家・吉田正師の薫陶を受け、1960年、17歳のときに「潮来笠《いたこがさ》」でデビュー。時代に愛され、昭和歌謡界のスターとして活躍。2022年、歌手活動は60年を超え、翌年の5月3日（誕生日）をもって引退すると決めた。引退後は長く親しんできた書画をより深く研鑽しようと、京都芸術大学通信教育課程書画コースに入学。ラストコンサートで全国を回りながら、79歳にして初めて大学生としてレポートや課題に追われ、「忙しくて大変だけど楽しい。大変が楽しい！」と自身を鼓舞して日々を送る。趣味は掃除。風呂の目地を掃除しているときに降ってくるアイデアを書画に活かす。信条は「喜んで生きれば幸せになれる」。

80歳、スター卒業、新入学生。

2023年2月25日　初版印刷
2023年3月5日　初版発行

著　者　橋 幸夫
発行人　植木宣隆
発行所　株式会社サンマーク出版
〒169-0075
東京都新宿区高田馬場2-16-11
☎03-5272-3166

印　刷　株式会社暁印刷
製　本　株式会社村上製本所

ISBN978-4-7631-4040-1　C0095
ホームページ　https://www.sunmark.co.jp